AF410888

40 livraisons à 50 c. — Par la Poste, 60 c.

GALERIE

DES

HOMMES ILLUSTRES

DE LA

RÉVOLUTION

PAR

l'Historiographe ALFRED ***

Première Livraison.

CAMILLE DESMOULINS

PARIS

DESLOGES, ÉDITEUR,

39, Rue Saint-André-des-Arcs.

GALERIE

DES

HOMMES ILLUSTRES

DE LA

RÉVOLUTION

PROSPECTUS.

L'Histoire est à l'ordre du jour. Trois hommes d'un talent distingué, MM. Louis Blanc, Michelet et Lamartine sont venus tour-à-tour après M. Thiers et M. Mignet tracer l'histoire de la Révolution. Mais leurs in-octavos justement admirés ne sont pas à la portée de toutes les bourses. La Révolution a été faite pour tous, et son histoire doit être lue par tous: or un très-petit nombre de privilégiés sont en possession de ces volumineux ouvrages; la grande majorité de la nation n'a ni assez de loisirs pour les lire, ni assez d'argent pour les acheter. Aussi le peuple se forme-t-il une idée complétement fausse de notre Révolution. Il faut remédier à ce mal: c'est à quoi nous avons songé.

Nous offrons au public une galerie des hommes célèbres de la Révolution, en 40 livraisons, qui pourront être achetées separement.

Nous nous sommes entourés de tous les documents nécessaires pour donner des faits exacts. Nous ne nous bornons pas à la nomenclature de ces faits, nous en cherchons l'esprit; nous nous efforçons de faire bien comprendre quel fut le rôle des apôtres de notre liberté; nous étudions les tendances de leurs idées et les causes de leurs divisions. L'ancien *Moniteur*, *l'Histoire parlementaire* de Buchez, la plupart des Journaux de l'époque, et tous les historiens célèbres qui ont écrit sur cette matière, sont les sources où nous avons puisé. Pour compléter nos recherches nous avons également consulté les Mémoires et Annales qui nous parurent dignes de foi. Nous ne nous sommes pas occupés exclusivement des événements de Paris. Nous avons aussi porté un regard attentif sur l'esprit révolutionnaire dans les départements. Le public, nous l'espérons, comprendra l'avantage de ce mode d'histoire populaire; il comprendra que c'est jusqu'à présent le seul genre de publication historique qui puisse profiter à tous. C'est bien le moins que le peuple connaisse une Révolution dont il fut le soldat.

Chaque livraison se vend **50** cent. séparément, et contient une biographie complète. On pourra souscrire à cette collection, en tout ou en partie,

Chez **DESLOGES**, éditeur, rue Saint-André-des-Arts, 39.

La première livraison paraîtra le 20 août.

Paris. — Imprimerie Bonaventure et Ducessois, 55, quai des Augustins.

Mirabeau.

Marie-Antoinette.

GALERIE
DES
hommes illustres
DE LA
RÉVOLUTION

4 volumes in-18 grand raisin, divisés en 40 livraisons à 50 centimes.

CHAQUE LIVRAISON EST ORNÉE D'UN PORTRAIT.

PREMIER VOLUME.

Camille-Desmoulins, Robespierre, Danton, Marat, Hébertistes, Fouché, Carrier, Saint-Just, Couthon, Merlin de Thionville.

DEUXIÈME VOLUME.

Louis XVI, Marie-Antoinette, Lafayette, Mirabeau, Necker, Barnave, les Lameth, Sieyès, Bailly, Dumouriez.

TROISIÈME VOLUME.

Maury, Cazalès, Péthion, Lanjuinais, les Girondins, Charlotte-Corday, Marceau, Hoche, Kléber, Moreau.

QUATRIÈME VOLUME.

Les Chefs Vendéens, Pichegru, les Chénier, Condorcet, le Directoire (5 livraisons), Bonaparte (5 livraisons).

SE VEND ICI.

Paris. — Imprimerie Bonaventure et Ducessois, 55, quai des Grands-Augustins.

47

Charlotte-Corday.

Camille Desmoulins.

CAMILLE DESMOULINS

Camille Desmoulins naquit à Guise en Picardie. Il fut élevé au collége Louis-le-Grand. Là il connut Robespierre, dont il devint l'ami, bien que leur caractère fût fort différent. Quand éclata la révolution, Camille fut un de ses premiers apôtres. Il avait l'enthousiasme de la jeunesse; mais il ne faut chercher en lui ni l'orateur qui ordonne, ni l'homme d'action qui accomplit. Épicurien en bonnet rouge, Camille n'avait ni les passions violentes des grands agitateurs, ni la raideur systématique du législateur. On ne le vit guère à la tribune, où il

paraissait embarrassé, et s'exprimait difficile-
ment et en bégayant. Il était né pour raconter
les faits. Les colères du *sans-culotte* pouvaient
résider parfois sur ses lèvres, mais elles n'allaient jamais jusqu'à son cœur. Il était trop
faible pour haïr. Après avoir écrit plusieurs
pages énergiques, il paraissait étonné lui-même
de s'être fâché si fort. « J'ai ri, disait-il, je suis
désarmé. » Camille était fait pour être l'Aristo-
phane d'une république où Alcibiade eût été
archonte. Éloigné de l'optimisme exagéré, il
n'espérait pas amener les mœurs à cette pu-
reté stoïque où se vantait d'arriver Robespierre. Il aimait à réunir dans le même ban-
quet Alcibiade et Platon en face de Milon de
Crotone ; il n'en excluait même pas le banquier
Gorgias, et y faisait régner Aspasie. Son caractère intime était faible, expansif, sensuel surtout.
C'est chez le restaurateur Méot qu'il rêvait au
bonheur de sa patrie. On ne le vit jamais refu-
ser un festin, même aristocratique. Il maniait
le sarcasme en critique habile ; et son esprit,
nourri des lectures de Démosthènes et de Cicé-
ron, leur empruntait parfois, ainsi qu'à Tacite,

beaucoup de force dans ses articles et de beaux mouvements.

C'est le 12 juillet que commença sa renommée. C'est le jour où il prit, le premier, la cocarde nationale au Palais-Royal. Lui-même nous raconte ainsi ce fait, le plus glorieux de sa vie[1] : « Il était deux heures et demie, je venais sonder le peuple ; ma colère contre les despotes était tournée en désespoir : je ne voyais pas les groupes, quoique vivement émus ou consternés, assez disposés au soulèvement. Trois jeunes gens me parurent agités d'un véhément courage ; ils se tenaient par la main. Je vis qu'ils étaient venus au Palais-Royal dans le même dessein que moi. Quelques citoyens les suivaient : — Messieurs, leur dis-je, voici un commencement d'attroupement civique ; il faut qu'un de nous se dévoue et monte sur une table pour haranguer le peuple. — Montez-y. — J'y consens. — Aussitôt Je fus plutôt porté sur la table que je n'y montai. A peine y étais-je, que je me vis entouré d'une foule immense. Voici ma courte harangue : « Citoyens,

----

[1] N° 5 du *Vieux Cordelier.*

il n'y a pas un moment à perdre : j'arrive de Versailles ; M. Necker est renvoyé : ce renvoi est le tocsin d'une Saint-Barthélemy de patriotes : ce soir, tous les bataillons suisses et allemands sortiront du Champ-de-Mars pour nous égorger. Il ne nous reste qu'une ressource, c'est de courir aux armes, et de prendre des cocardes pour nous reconnaître. — J'avais les larmes aux yeux, et je parlais avec une action que je ne pourrais ni retrouver ni peindre. Ma motion fut reçue avec des applaudissements infinis. Je continuai : Quelles couleurs voulez-vous ? Quelqu'un s'écria : Choisissez. —Voulez-vous le vert, couleur de l'espérance, ou le bleu de Cincinnatus, couleur de la liberté d'Amérique et de la démocratie ? —Des voix s'élevèrent : Le vert! le vert! couleur de l'espérance. — Alors, je m'écriai : Amis, le signal est donné; voici les espions et les satellites de la police qui me regardent en face; je ne tomberai pas vivant du moins entre leurs mains. Puis, tirant deux pistolets de ma poche, je dis : Que tous les citoyens m'imitent. Je descendis étouffé d'embrassements : les uns me serraient contre leur cœur, d'autres me baignaient

de leurs larmes. Un citoyen de Toulouse, crai-
gnant pour mes jours, ne voulut jamais m'aban-
donner. Cependant on m'avait apporté un ruban
vert : j'en mis le premier à mon chapeau, et
j'en distribuai à ceux qui m'environnaient. »

Depuis ce jour, Camille ne cessa de donner
des preuves de son patriotisme. Son caractère devait le rendre souvent dupe de ses
amis, et son esprit expansif lui faisait lier fa-
cilement connaissance avec quiconque semblait
désirer son amitié. Quand il se trompait sur le
choix d'un ami, longtemps ses yeux restaient fer-
més ; mais dès qu'ils étaient ouverts, quel que fût
son attachement à l'homme sur le compte duquel
il s'était abusé, il le sacrifiait à l'amour de la
patrie. Le génie l'attirait avec une incroyable
force, l'éloquence de Mirabeau le fascinait. « Je
l'aimais, disait-il, à l'idolâtrie, comme on aime
une maîtresse. » Mirabeau lui témoignait beaucoup d'estime, et, connaissant son faible, l'invi-
tait à ses parties de plaisir ; il lui disait: « Vous
connaissez mieux que moi les principes, mais je
connais mieux les hommes. » Il disait vrai ; l'esprit de Camille était trop léger pour pénétrer

jusqu'au cœur de l'homme dissimulé ; il était trop spirituel pour être profond ; quoi qu'il en soit, sa renommée grandissait, et le parti anti-révolutionnaire cherchait à se concilier celui que M. Thiers appelle avec raison le plus spirituel et le plus naïf journaliste de la République. On connaissait son penchant à la volupté, et tantôt on cherchait à l'enchaîner par les grâces d'une Circé des bords de la Seine, ou de le séduire au milieu de l'ivresse d'un festin. Chez Sillery, le rôle d'enchanteresse était donné à Mlles Paméla et Sercey. Elles exécutaient devant Camille une danse russe si voluptueuse, qu'il les compara à la jeune Hérodias. « J'éprouvais, dit-il, le même plaisir que saint Antoine dut éprouver dans sa Tentation. » Sillery ne fut pas le seul qui tendit des lacets à l'incorruptibilité du jeune républicain. Necker tenta de se l'attirer, et Lafayette le faisait applaudir par ses aides-de-camp pour flatter son orgueil. Il fut l'ami et le défenseur de Barnave et des Lameth, qu'il abandonna ensuite. Lafayette fut son héros, mais bientôt il brisa l'idole ; il en fut de même de Philippe-Égalité, dont il trace ainsi le portrait : « D'Orléans était aimable en société, nul en politique, aussi libertin, mais plus paresseux que le Régent ; Sillery était son cardinal Dubois. » Il fait de Roland un hypocrite, un corrompu ; il ne traite pas mieux Péthion, qui, dit-il, recevait, quand il était maire, 30,000 fr. par mois des ministres des affaires étrangères ; mais son plus mortel ennemi, celui sur lequel il amassait tout ce que son esprit était capable de contenir de verve et de mépris, c'était Brissot ; il le résumait en ces mots : reptile, intrigant, traître, tartufe. Ses conférences à Mousseaux avec le duc d'Orléans le firent accuser d'être l'agent de ce prince; on lui reprocha même d'avoir reçu Égalité chez lui dans des réunions nocturnes. Le duc de Chartres (Louis-Philippe) l'honorait, dit-on, comme un frère[1]. Cette estime, si le fait est vrai, ne dut pas être de longue durée, car Desmoulins ne ménagea aucun des membres de cette famille, après l'avoir défendue. Camille, après la fuite du roi à Varennes, ayant demandé un des premiers l'abdication de Louis, fut forcé

---

[1] Un poëte écrivit ce vers en parlant de Desmoulins :
« De Chartres même honoré comme un frère. »

de se cacher pour éviter les poursuites dirigées
contre lui ; il fut mêlé aux événements du 20 juin
et du 10 août. Le 8 août[1] son épouse, qui le
chérissait, « quitta la campagne pour venir par-
« tager les dangers de Camille. Le 9, ils donnè-
« rent un dîner de famille à Fréron, Rebecqui,
« Barbaroux; le repas fut gai comme l'impré-
« voyance de la jeunesse; la présence de cette
« belle femme, l'amitié, le vin, les fleurs, l'a-
« mour heureux, les saillies de Camille, l'espé-
« rance de la liberté prochaine, voilaient la
« mort que pouvait receler la nuit. Lucile,
« Mme Duplessis sa mère et Camille, allèrent
« chez Danton. Ils trouvèrent sa femme dans les
« larmes... Danton était serein, résolu, presque
« jovial, avec une arrière-pensée de gravité.
« Mme Desmoulins dit en riant que le mouve-
« ment du peuple aurait lieu et qu'il serait
« triomphant. Peut-on rire aussi follement dans
« une heure si inquiète, lui dit plusieurs fois
« Mme Danton. Cette gaîté insensée, répondit
« Lucile, me présage peut-être que je verserai

1 *Histoire des Girondins*, par M. de Lamartine.

« bien des larmes ce soir. Le ciel était serein ;
« les femmes descendirent pour respirer l'air et
« faire quelques pas dans la rue. Il y avait assez
« de mouvement. Plusieurs sans-culottes paru-
« rent en criant : *vive la nation !* puis quelques
« troupes à cheval, enfin une foule immense.
« Lucile commença à être prise de peur : Allons-
« nous-en, dit-elle. Mme Danton se moqua de
« la peur de Lucile ; cependant, à force de lui
« entendre répéter qu'elle tremblait, elle-même
« trembla à son tour. Voilà le tocsin qui va
« sonner, se dirent les femmes, et elles rentrè-
« rent. Camille arriva avec un fusil ; sa femme
« s'enfuit dans l'alcôve, cacha son visage dans
« ses mains et pleura ; cependant elle ne voulait
« pas révéler sa faiblesse en public ; elle épia le
« moment de parler en secret à Camille et lui
« dit tout bas ses terreurs. Camille la rassura et
« lui jura qu'il ne quitterait pas Danton......
« Après une absence de quelques heures, Danton
« revint ; à minuit il repartit ; Camille rentra à
« une heure, embrassa sa femme et s'endormit.
« Il ressortit avant le jour. Le matin on enten-
« dit le canon : à ce bruit, Mme Danton et Lu-

« cile se troublent, éclatent en reproches, et
« s'écrient que c'est Camille, avec sa plume et
« ses idées, qui est cause de tout. Camille rentre,
« et dit que la première tête qu'il a vu tomber
« c'est celle de l'écrivain Suleau. Ce présage fit
« pâlir et pleurer Lucile. »

Quelque temps après cette scène, Camille fut
nommé secrétaire de Danton et député à la Convention. Ses ennemis l'attaquèrent avec fureur.
Un des premiers chefs de leurs attaques, c'étaient
ses dîners aristocratiques. Le spirituel écrivain
répondit : « Le mal n'est pas de dîner, mais d'o-
piner avec ces messieurs. » Son épouse, Lucile
Duplessis, lui avait apporté en dot 4,000 livres
de rente. On pense bien quel parti tirèrent de ce
fait ceux qu'avait dévoilés l'auteur des *Révolutions
de France et de Brabant.* Camille se vengeait
avec esprit de toutes les suppositions et de tous
les sarcasmes. Il n'était pas un homme de génie,
il n'était pas le Voltaire des clubs, comme l'appelle M. de Lamartine ; la révolution n'était pas
à lui et à Danton, comme le prétend M. Michelet[1], qui en fait un *polisson de génie* aux plaisan-

---

[1] *Histoire de la Révolution.* par M. Michelet, t. I.

teries mortelles. Les saillies errantes sur sa lèvre embarrassée s'échappaient comme des dards, ajoute le même historien, qui fait sans doute allusion ici au bégaiement de Camille. Cette difficulté de langue, jointe à sa taille petite et grêle, devait le rendre presque ridicule à la tribune, en face de Danton qui rugissait comme un taureau. Le peuple aime l'apparence : un Mirabeau, un Danton, un Marat, sont ses héros de prédilection ; il aime les formes d'athlète, et, pour obtenir son admiration, quand on est privé de ces signes extérieurs de la force physique qui le frappe bien plus que la force morale, il faut le génie de Bonaparte et le prestige de grandes victoires.

Les colères de Camille, nous l'avons dit, ne résidaient que sur ses lèvres : aussi le vit-on demander un comité de clémence quand il s'aperçut que le jacobinisme dégénérait en tyrannie. Ceux qui l'avaient vu prendre le titre de procureur de la lanterne, et menacer, dans des écrits anonymes, d'incendier les châteaux des députés qui voteraient les deux chambres et le véto, s'étonnèrent de sa modération. Ils se demandèrent si l'opinion de l'auteur du *Vieux Cordelier* était bien la même que celle de l'auteur de *la France Libre* et du procureur de la lanterne, et si les dîners de Dillon, que défendait Camille, n'avaient pas exercé sur lui une grande influence. On voyait les amis de ceux qui l'avaient dénoncé comme provocateur à l'assassinat et fait traduire au Châtelet, lui donner maintenant des éloges, et le mot de *trahison* volait de bouche en bouche sur les bancs de la Montagne. Camille cependant n'était pas un traître. Il se souvenait qu'il était cordelier et jacobin, et qu'il vota la mort de Louis XVI. Il n'avait pas oublié les pages républicaines de ses *Révolutions de France*, il fut toujours brûlant de patriotisme. Mais son premier enthousiasme passé, il avait, comme il le dit lui-même, crié aux jacobins : «Prenez garde, vous touchez au banc de l'exagération, votre vaisseau va se briser. » Il se trouvait donc entre deux partis, car il avait dit de même aux *cléments :* «Prenez garde, vous touchez au banc du modérantisme.» Il inclinait évidemment vers ce dernier parti, et dut se repentir plus d'une fois d'avoir si puissamment contribué à la condamnation des malheureux Girondins par son *Brissot dévoilé*. Dans cette brochure, il établit, contre Brissot et Gensonné, l'existence d'un comité anglo-prussien, tonne contre les fédéralistes, et fait de Brissot l'agent le plus vil de Pitt. Il s'écrie : « Notre révolution de 89 fut une affaire arrangée entre le ministère britannique et la minorité de la noblesse; préparée par les uns pour amener un déménagement de l'aristocratie de Versailles dans quelques châteaux, quelques hôtels, quelques comptoirs; par les autres pour amener un changement de maître; par tous pour nous donner les deux chambres et une constitution à l'instar de la constitution anglaise. » Cette opinion avait été déjà émise par Desmoulins, le 21 octobre 1791, et la colère de Sillery, en entendant alors ce discours, prouve qu'il n'était pas sans fondement. Suivant Desmoulins les amis d'Égalité voulaient proposer pour roi le duc d'York, qui aurait épousé Mlle d'Orléans; il appelle Dumouriez un aventurier et un bourreau, qui aurait été, à Rome, précipité de la roche tarpéienne; et Roland, un misérable écrivain, un anglo-prussien. Il dit que la guerre qui semblait être à outrance entre Lafayette et Égalité lui a imposé longtemps ; mais qu'il reconnut enfin que Brissot était le mur mitoyen entre d'Orléans et Lafayette. Il accable ensuite de ses révélations tous ceux qu'il nomme les amis de la Prusse et de l'Angleterre, et les charge avec une verve qui donna à sa brochure un grand retentissement. Quand les Girondins furent condamnés, Camille attendri s'écria : « Malheureux ! c'est mon *Brissot dévoilé* qui les a perdus. »

Brissot ne fut pas le seul journaliste que Camille combattit à outrance ; l'infâme Hébert osa l'attaquer dans sa feuille du *Père Duchesne.* Il l'appela un misérable intrigailleur, un viédase à mener à la guillotine, un conspirateur qui veut qu'on ouvre toutes les prisons pour en faire une nouvelle en Vendée, un endormeur payé par Pitt, un bourriquier à longues oreilles... Camille relève ces outrages : «Attends-moi, Hébert, s'écrie-t-il, ce n'est pas avec des injures grossières que je vais t'attaquer, c'est avec des faits. Ce seul mot de comité de clémence a-t-il fait sur toi, Hébert, l'effet du fouet des furies ? » Hébert avait fulminé contre l'accusateur de Bouchotte.

« Oser attaquer Bouchotte, s'écrie avec ironie Camille Desmoulins, oser l'appeler Georges, Bou- chotte à qui l'on ne peut reprocher la plus légère faute ! Bouchotte, qui a mis à la tête des armées des généraux *sans-culottes*; Bouchotte, le pa- triote le plus pur ! Je suis surpris que, dans les transports de sa reconnaissance, le *Père Du- chesne* ne se soit pas écrié : Bouchotte qui m'a donné 120,000 livres depuis le mois de juin. A quel titre, poursuit Camille, te fais-tu l'arbitre des réputations aux jacobins? est-ce à titre de tes anciens services? mais quand Danton et Fabre soutenaient un siége pour Marat, quand Thuriot assiégeait la Bastille, quand Fréron fai- sait l'*Orateur du peuple*, quand moi, sans crain- dre les assassins de Loustalot et les sentences de Talon, j'allais, il y a trois ans, défendre pres- que seul l'ami du peuple, le divin Marat ; quand tous ces vétérans que tu calomnies aujourd'hui se signalaient pour la cause populaire, où étais-tu alors, Hébert? tu distribuais des contre-marques, et on assure que les directeurs se plaignaient de la recette. Tu ne t'es fait remarquer qu'après la victoire, où tu t'es signalé en dénigrant les vainqueurs, comme Thersite, en emportant la plus forte part du butin, et en faisant chauffer tes fourneaux de calomnie avec les 120,000 fr. et la braise de Bouchotte. »

Le *Père-Duchesne* essaya en vain de repousser les attaques de ces violentes hébertides. Il eut beau dire que lorsque la fumée de sa pipe avait fait trois fois le tour d'une réputation elle devait tomber d'elle-même, cette fois ce fut lui qui succomba. La guillotine était bien due à cet infâme calomniateur, à ce journaliste de taverne dont l'étranger montrait la feuille au peuple quand il voulait lui inspirer l'horreur de notre république. Le 11 nivôse, aux Jacobins, Hébert fit un dernier effort pour triompher de son terrible adversaire. « Tout ce qui peut être allégué contre Brissot, s'écrie-t-il, n'approche pas de ce qu'on peut reprocher à Camille ; son but a été jusqu'ici de calomnier et de ridiculiser les patriotes. C'est ce même Camille qui voulut faire de Dillon un généralissime, qui s'est vanté d'avoir mangé avec lui pour l'empêcher d'être un second Eugène. C'est lui qui a dit hautement que les nobles étaient nécessaires; qu'ils étaient les seuls instruits. » Malheureusement Hébert n'était pas le seul qui poursuivît Desmoulins; plusieurs membres des jacobins voulaient rayer son nom des registres du club. Son *Vieux Cordelier* trouvait d'impitoyables censeurs, et ses relations avec Dillon le rendaient suspect même à ses meilleurs amis, ou qui, du moins, se disaient tels. Le procès de ce général perdit Camille qui le défendit malgré les avertissements. Le 10 juillet 1793, Cambon dit que Dillon avait le projet de couronner Louis XVII et de l'enlever le 15 juillet; on voulait, ajoute-t-il, s'emparer de la majorité des sections par émissaires sous le prétexte de combattre les anarchistes, venir sur la place de la Révolution après avoir encloué le canon d'alarme, et de là se diviser en deux colonnes dont l'une irait par le boulevard enlever Louis XVII, tandis que l'autre viendrait forcer la Convention de le proclamer roi et Antoinette régente; leurs aides, continua-t-il, devaient être gardes privilégiés, portant médailles avec ruban blanc moiré sur lesquels un aigle renversé avec: *A bas l'anarchie! Vive Louis XVII!*

2.

« C'est une fable absurde ! » dit Camille en se levant. De nombreux murmures accueillirent ces mots. Camille demande la parole. « Que la Convention, s'écrie Levasseur, ne permette pas à Camille de se déshonorer.—Si Desmoulins, dit Legendre, veut devenir le défenseur de Dillon, qu'il aille au tribunal. » Il y alla en effet ; on ne lui pardonna pas se *lettre à Dillon*, écrite *ex abrupto* devant les accusateurs du général, et une étourderie acheva de le perdre, comme nous le verrons plus tard. Dans sa *lettre à Dillon*[1], il dit au comité de salut public : « Vous avez usurpé tous les pouvoirs, amené toutes les affaires à vous, et vous n'en terminez aucune. Vous étiez trois chargés de la guerre ; l'un est absent, l'autre est malade, et le troisième n'y entend rien. Vous laissez à la tête de vos armées les incapables ou failletistes, Custine, Biron, Menou, Berthier. » Il dit à Cambon : « Je n'entends rien à ton système de finances, mais ton papier ressemble fort à celui de Law, et court aussi vite de main en main. » Il dit à Bil-

---

[1] Thiers. *Histoire de la Révolution.*

laud-Varennes : « Tu en veux à Dillon parce qu'il t'a mené au feu. » A Saint-Just : « Tu portes ta tête comme un saint-sacrement » ; à Bréard, Delmas, Barrère : « Vous avez offert votre démission au 2 juin parce que cette révolution vous semblait alors affreuse. » Il dit que Dillon n'est ni aristocrate, ni républicain, ni fédéraliste, qu'il est soldat[1].

Le 24 frimaire, Camille, interpellé sur ses relations avec Dillon, avoue qu'il admirait les talents de ce général, mais qu'il s'est abstenu de parler de lui depuis qu'on l'a averti qu'il s'était trompé. Comme on lui reprochait aussi de s'être attendri lors du jugement des Girondins, il dit : « Je déclare que ceux qui me font ce reproche étaient loin de se trouver dans la même position que moi. Je chéris la République, je l'ai toujours servie, mais je me suis trompé sur beaucoup d'hommes, tels que Mirabeau, les Lameth que je croyais de vrais défenseurs du peuple, et qui néanmoins ont fini par trahir ses intérêts. Une fatalité bien marquée a voulu que

[1] Thiers.

de soixante personnes qui ont signé sur mon contrat de mariage, il ne me reste plus que deux amis, Robespierre et Danton ; tous les autres sont émigrés ou guillotinés. De ce nombre étaient sept d'entre les vingt-deux ; un mouvement de sensibilité était donc bien pardonnable dans cette occasion ; cependant j'atteste n'avoir pas dit : Ils meurent en républicains, en Brutus. J'ai dit : Ils meurent républicains, mais républicains fédéralistes ; car je ne crois pas qu'il y eût beaucoup de royalistes parmi eux. J'ai toujours été le premier, ajouta-t-il, à dénoncer mes propres amis du moment où j'ai vu qu'ils se conduisaient mal.»

—Camille, dit alors un citoyen, vient d'avouer ingénieusement qu'il avait mal choisi ses amis ; prouvons-lui que nous savons mieux choisir les nôtres en l'acceuillant avec empressement.

Robespierre prit aussi sa défense. « Il faut, dit il, considérer Camille avec ses vertus et ses faiblesses ; quelquefois faible et confiant, souvent courageux et toujours républicain, on l'a vu successivement l'ami des Lameth, de Mirabeau, de Dillon ; mais on l'a vu aussi briser ces mêmes idoles qu'il avait encensées ; il les a sacrifiées sur l'autel qu'il leur avait élevé, aussitôt qu'il a reconnu leur perfidie. En un mot, il aimait la liberté par instinct et par pressentiment, et n'a jamais aimé qu'elle, malgré les séductions puissantes de tous ceux qui la trahirent. J'engage Camille à poursuivre sa carrière, mais à n'être plus aussi versatile et à tâcher de ne plus se tromper sur le compte des hommes qui jouent un grand rôle sur la scène politique[1]. »

Cette défense de Robespierre fut couverte d'applaudissements, et Camille ne fut pas écarté des Jacobins, comme c'était l'intention de ses ennemis.

Mais les attaques contre Desmoulins n'étaient pas finies : le 16 nivôse, aux Jacobins, Collot-d'Herbois dénonça *le Vieux Cordelier* comme un ouvrage dangereux, et qui avait fourni des armes aux aristocrates. « Cependant, s'écria-t-il, distinguez l'auteur de l'ouvrage, et enchaînez-le plus que jamais parmi vous. »

[1] *L'Ancien Moniteur;* Buchez, *Histoire parlementaire de la Révolution.*

Des aristocrates avaient publié que Camille serait chassé des Jacobins.

« Qu'il n'en soit rien, s'écrie Collot-d'Herbois, n'oublions pas ce qu'a fait pour le bien public un vieux patriote. »

Hébert monte à la tribune : ses traits sont bouleversés ; il dit, écumant de rage : « Par la plus astucieuse récrimination les rôles sont changés, et de dénoncés, les accusés sont devenus dénonciateurs. Justice ! jacobins ! justice ! je périrai plutôt que de sortir d'ici avant qu'on m'ait rendu une justice éclatante ; je suis accusé, dans un libelle qui a paru aujourd'hui, d'être un brigand audacieux, un spoliateur de la fortune publique.

— J'en apporte la preuve, dit une voix ; c'était celle de Camille.

— Je suis heureux d'être accusé en face, réplique Hébert, je vais répondre. »

Cet incident est interrompu par Robespierre jeune qui s'écrie : — Que nous importe qu'Hébert ait volé des contremarques. — Veut-on m'assassiner aujourd'hui ? dit Hébert. Robespierre jeune continue à le railler ; mais son hypocrite frère se lève à son tour : « Il est, dit-il, affligeant sans doute de voir employer en petites discussions un temps qui appartient tout entier à la chose publique. Cependant, il est question de patriotes persécutés, et le devoir des républicains est non-seulement de n'opprimer personne, mais encore de voler à la défense de ceux qu'on opprime. Pour moi, je n'accuse personne, j'attends la lumière pour me décider. C'est parce que je ne me suis pas cru assez éclairé sur cette affaire, que je me suis tu jusqu'à ce jour. Les petites passions égarent et font voir l'évidence où elle n'est pas. Je parierais que les pièces démonstratives que Camille a montrées à la tribune ne prouvent rien. Je demande qu'on passe à la discussion du libelle de Philippeaux. »

Le surlendemain, 18 nivôse, aux Jacobins, un membre demanda que Camille rendît compte de son estime pour Philippeaux.

« Je ne sais plus où j'en suis, dit Camille : de toute part on m'accuse, on me calomnie. » Il confesse alors qu'il a cru de bonne foi tout ce qui a été consigné dans le Mémoire de Philippeaux sur la Vendée ; « mais, ajoute-t-il, depuis on m'a affirmé que l'ouvrage de Philippeaux était un roman où il mentait à sa conscience et au public. Qui croire ? Quel parti prendre ? »

Un membre s'écrie : « Camille ne doit pas compte au public de ses sentiments particuliers sur Philippeaux ; mais ce qui nous intéresse et ce que nous voudrions voir, c'est la manière dont Camille nous expliquera les numéros du *Vieux Cordelier*. »

Robespierre aggrave la situation de Camille en appelant erronées et malsonnantes les propositions qui couvrent toutes les pages du *Vieux Cordelier*. « Les écrits de Camille sont dangereux, dit-il, ils alimentent l'espoir de nos ennemis et favorisent la malignité publique. » Il raille ensuite Camille sur la belle passion dont il s'est épris pour les œuvres de Philippeaux, qu'il a pris pour des philippiques, tandis qu'elles ne sont que des philippotiques. Il ajoute : « Camille a quelque chose de la naïveté de La Fontaine : on se rappelle que celui-ci, lisant un jour les *Prophètes,* dit à un courtisan qui ne lisait guère l'*Écriture-Sainte :* Avez-vous lu

Baruch? Parbleu! c'était un grand homme. Le courtisan répondit : Mais qu'est-ce que c'est que *Baruch?* Eh bien! Camille s'en va prenant tous les passants au collet, et leur dit : Avez-vous lu *Philippeaux?* Les passants, semblables au courtisan, lui répètent : Eh mais! mon Dieu, qu'est-ce que c'est que *Philippeaux?* » Il conclut en pédagogue que Camille est un enfant gâté qui avait d'heureuses dispositions, mais que les mauvaises compagnies ont égaré. « Il faut, dit-il, brûler ses numéros. »

« Brûler n'est pas répondre, réplique étourdiment Camille. » Le mot était de Rousseau; il blessa Robespierre, son prétendu disciple; et, dès cet instant, on put regarder Camille comme perdu.

« Comment oser, s'écria Robespierre, vouloir justifier des ouvrages qui sont les délices de l'aristocratie? »

C'est en vain que Camille voulut apaiser son ami; il l'irrita encore davantage en lui disant : « N'ai-je pas été chez toi? Ne t'ai-je pas lu mes numéros en te conjurant, au nom de l'amitié, de vouloir bien m'aider de tes avis, et de me tracer le chemin que je devais tenir ? »

Robespierre sentit qu'il allait être compromis s'il ne repoussait une partie de cette déclaration, et il répliqua : « Tu ne m'as pas montré tous tes numéros, je n'en ai vu qu'un ou deux. Comme je n'épouse aucune querelle, je n'ai pas voulu lire les autres ; on aurait dit que je les avais dictés. »

Danton intervint et dit : « Prenez garde de porter un coup funeste à la liberté de la presse en jugeant Camille. »

Malgré cet avertissement, on demanda la lecture du 4me numéro du *Vieux Cordelier*, séance tenante :

Le *Vieux Cordelier* est l'écrit le mieux soigné de Camille Desmoulins ; plusieurs morceaux sont pleins d'une grâce infinie et rappellent la manière des anciens. Les commencement de son premier numéro est un petit chef-d'œuvre : « O Pitt, écrit-il, je rends hommage à ton génie ! quels nouveaux débarqués de France en Angleterre t'ont donné de si bons conseils et des moyens si sûrs de perdre ma patrie?... » Mais ce qui portait ombrage aux jacobins, c'est le fameux passage que Camille traduisit de Tacite dans son numéro 3 du *Vieux Cordelier*. Tout ce que dit Tacite sur la manière expéditive avec laquelle les tyrans de Rome énuméraient les suspects et les envoyaient aux supplice s'appliquait si bien aux mesures des républicains de la Montagne contre les suspects de Paris que l'allusion fut transparente pour tous. Ainsi il disait, suivant le texte de Tacite : « Crime de contre-révolution à un des descendants de Cassius d'avoir chez lui un portrait de son bisaïeul [1]. Crime de contre-révolution à Pomponius parce qu'un ami de Séjan était venu chercher un asile dans une de ses maisons de campagne.» Cela était défendu à Paris en 93 comme à Rome au temps dont parle l'historien latin.« Crime de contre-révolution, continue Camille, toujours selon Tacite, d'être allé à la garde-robe sans avoir vidé ses poches, et en conservant dans son gilet un jeton à la face royale, ce qui était un manque de respect à la figure sacrée des tyrans. »Pour le coup on accusa Camille d'avoir voulu jeter le ridicule sur certaines mesures républicaines.« Crime de con-

---

[1] N° 3 du *Vieux Cordelier*.

tre-révolution, poursuit l'impitoyable journaliste, de se plaindre des malheurs du temps ; il fallait montrer de la joie de la mort de son ami, de son parent, si l'on ne voulait s'exposer à périr soi-même. Sous Néron, plusieurs dont il avait fait mourir les proches allaient en rendre grâces aux dieux, ils illuminaient. On avait peur que la peur même ne rendît coupable ; tout donnait de l'ombrage au tyran. Un citoyen avait-il de la popularité, c'était un rival du prince, qui pouvait susciter une guerre civile : Suspect. Fuyait-on au contraire la popularité et se tenait-on au coin de son feu, cette vie retirée vous avait fait remarquer, vous avait donné de la considération : Suspect. S'était-on acquis de la réputation à la guerre, on n'en était que plus dangereux par son talent [1] : Suspect. C'était bien pis si on était petit-fils ou allié d'Auguste ; on pouvait avoir un jour des prétentions au trône : Suspect.» Ce dernier article semblait avoir un rapport direct avec la famille d'Orléans , et Camille Desmoulins put se ranger à son tour dans la

---

[1] Lettre de Camille à son épouse.

liste de ces suspects. Saint-Just, qui n'avait pas oublié le mot de Desmoulins, dit que l'auteur du *Vieux Cordelier* avait d'abord été dupe et fini par être complice; qu'il avait appelé la Convention la cour de Tibère ; qu'il attaqua en rhéteur le gouvernement révolutionnaire dans toutes ses conséquences et parla effrontément en faveur des ennemis de la révolution. Camille fut décrété d'accusation avec Hérault, Danton, Philippeaux, Lacroix, et envoyé à la prison du Luxembourg. Comme il examinait tristement les murs de sa prison, il y découvrit une fente [1], y appliqua son oreille et entendit gémir. Il hasarda quelques paroles et entendit la voix d'un malade, qui lui demanda son nom et s'écria dès qu'il l'eut appris : « Je suis Fabre d'Églantine ; mais toi, ici, la contre-révolution est donc faite?..» «Nous n'osions nous parler, dit Camille, de peur que la haine ne nous enviât cette faible consolation et que si on venait à nous entendre, nous ne fussions séparés et resserrés plus étroitement : car il a une chambre à feu et la mienne serait assez

---

[1] Lettre de Camille à son épouse.

belle si un cachot pouvait l'être ; mais être au secret sans savoir pour quelle raison, sans avoir été interrogé, sans recevoir un seul journal, c'est vivre et être mort tout ensemble. C'est n'exister que pour sentir qu'on est dans un cercueil. » Camille tourne alors sa triste pensée vers son épouse, et s'écrie : « On dit que l'innocence est calme, courageuse... Ah ! ma chère Lucile ! ma bien-aimée ! souvent mon innocence est faible comme celle d'un mari, celle d'un père, celle d'un fils. » Puis il ajoute avec amertume : « Si c'étaient Pitt ou Cobourg qui me traitassent si durement ! mais mes collègues ! mais Robespierre qui a signé l'ordre de mon cachot ! mais la république, après tout ce que j'ai fait pour elle ! »Pauvre Camille, il oubliait que les premiers apôtres de la liberté sont toujours victimes, et que dans le champ de la république ce sont les derniers venus qui moissonnent. Après son épouse, ce qui l'occupe ce sont ses OEuvres ; il repose sur elles son regard ; elles l'ont fait condamner pourtant, n'importe, elles sont pour lui un doux oreiller sur lequel il appuie sa tête avec calme. Dans les heures d'accablement, parfois notre cœur soudainement s'attendrit : il en fut ainsi pour Camille dans sa prison. « J'étais né, s'écrie-t-il, pour faire des vers, pour défendre les malheureux, pour te rendre heureuse, ma Lucile, pour composer, avec ta mère, mon père et quelques personnes suivant notre cœur, un Otaïti. J'avais rêvé une république que tout le monde eût adorée. » Puis il songe à son fils. « Parle-lui de moi, écrit-il à son épouse ; tu lui diras que je l'aurais bien aimé. » Dieu n'est pas oublié : malgré son supplice, le prisonnier croit en lui, il reverra un jour sa Lucile... dans les cieux. La mort qui le délivre de la vue de tant de crimes est-elle un si grand malheur ! « Adieu, s'écrie-t-il, adieu, Lucile, je sens fuir devant moi le rivage de la vie ; je vois encore Lucile ! je la vois, ma bien-aimée ! ma Lucile ! mes mains liées t'embrassent et ma tête séparée repose encore sur toi ses yeux mourants. » Pensées touchantes qu'une âme pure peut seule contenir. Oh ! Camille, en te perdant, la république était plus à plaindre que toi ; une de ses plus belles fleurs se fanait sur ta tombe.

Toutes les paroles de Camille étaient, dans sa

prison, empreintes d'une mélancolie touchante. « Le sommeil bienfaisant, écrivait-il, a suspendu mes maux ; on est libre quand on dort.... » Puis, comme toujours, le nom de Lucile vient sur ses lèvres, « Lucile ! ô ma chère Lucile, où es-tu ? » Et il la cherche des yeux dans les allées du Luxembourg ; il la conjure par leurs amours éternelles de lui envoyer son portrait. Ce sera pour lui une fête, dans l'horreur de sa prison, le jour où il le recevra. « Il me semble, dit-il, être revenu au temps de mes premières amours, où quelqu'un m'intéressait par cela seul qu'il t'avait vue. Hier, quand le citoyen qui t'a porté ma lettre fut revenu, Eh bien ! lui dis-je, vous l'avez vue ? Et je me surprenais à le regarder comme s'il fût resté sur ses habits, sur toute sa personne, quelque chose de ta présence, quelque chose de toi. »

C'est ainsi que Camille passait les heures de sa captivité. Le 12 prairial son interrogatoire commença. Fabre d'Églantine avait une contenance pénible et souffrante. Danton répondit quand on lui demanda son nom et sa demeure : « Bientôt dans le néant, et mon nom au Panthéon de l'histoire.» Camille, interrogé sur son âge, répondit : «L'âge du sans-culotte Jésus, 33 ans. » Dillon recevait deux fois par jour des nouvelles du tribunal. On formait, dit Buchez, des vœux ardents pour Camille dans la maison du général ; les événements le prouvent. Le 14 germinal, le concierge de la maison d'arrêt du Luxembourg écrivit aux administrateurs de la police que Dillon lui avait confié qu'il avait le projet de changer la face des choses, et avait dit, en remettant une lettre à un porte-clef pour la femme de Camille, qu'elle mettait à sa disposition mille écus pour envoyer du monde autour du tribunal révolutionnaire. Ces communications à peine connues, Saint-Just s'en empare et fulmine une catilinaire contre les accusés ; les membres du tribunal révolutionnaire avaient un instant été intimidés par l'âpre éloquence de Danton ; mais la Convention décréta que l'instruction serait continuée. Le rapporteur du tribunal révolutionnaire avait assimilé Camille à Chabot, Fabre et Delaunay, accusés de vols. Le président lui dit : «Vous êtes accusé d'avoir attaqué la représentation nationale dans vos écrits, d'avoir été le défenseur de Dillon, qui voulait faire marcher son armée sur Paris; vous avez attaqué les décrets les plus salutaires et vous les avez tournés en ridicule. »

Camille proteste, parle de son dévouement à la République, et des traîtres qu'il a dénoncés.

« Et ces comités de clémence que vous réclamiez, s'écria le président ! quels étaient vos motifs pour afficher tant d'humanité?

— Je n'ai fait autre chose, répondit Camille, que ce dont les patriotes les plus chauds m'avaient donné l'exemple. J'ai demandé trois guichets pour les patriotes incarcérés, et d'autres avant moi en avaient demandé six. A l'égard de Dillon, dont on m'accuse d'avoir été le défenseur, je réponds que je n'ai demandé autre chose que de le juger promptement. J'ai dit : Jugez-le ; s'il est coupable, punissez-le ; mais, s'il est innocent, hâtez-vous de lui rendre ses droits de citoyen.

— N'est-il pas vrai, demanda le président, que vous vous êtes opposé de toutes vos forces à la saisie des biens des Anglais ; que vous avez traité les commissaires de proconsuls, et que vous vous êtes permis de combattre leurs rapports d'une manière indécente?

— Je nie le fait, répliqua Desmoulins, et j'en demande la preuve à mes accusateurs. »

Lorsque Camille partit pour le tribunal, il avait un air rêveur et affligé [1]. Il dit qu'il allait à l'échafaud pour avoir versé quelques larmes sur le sort des malheureux, et que son seul regret en mourant était de n'avoir pu les servir. Camille avait préparé sa défense écrite ; en vain il voulut la lire, et, frémissant d'indignation, il froissait le papier dans ses mains crispées ; enfin ne pouvant plus se contenir, il le jette à la face de ses juges. En marchant à l'échafaud, il parlait au peuple avec tant d'action, qu'il déchira ses vêtements. Danton lui dit : « Reste donc tranquille, et laisse là cette vile canaille. » Arrivé sur l'échafaud, dit M. Matton, Camille veut embrasser une dernière fois son ami Danton ; le bourreau s'y oppose. « Tu es donc plus cruel que la mort, s'écrie alors Camille, car la mort

[1] Collection de Nougaret, *Mémoires sur le Luxembourg*.

n'empêchera pas nos têtes de se baiser tout à l'heure dans le fond du panier. » M. Thiers, dans son *Histoire de la Révolution*, raconte autrement le fait, et dit que ce fut Danton qui prononça ces paroles quand le bourreau s'opposa brutalement à ce qu'il embrassât Hérault de Séchelles. Camille, dit encore M. Matton, s'écria en jetant les yeux sur le couteau tout fumant du sang des victimes : « Voilà donc la récompense destinée au premier apôtre de la liberté ! Les monstres qui m'assassinent ne me survivront pas longtemps. » Alors il s'avance à son tour et meurt avec courage [1].

Camille mourut indigné de la lâcheté du peuple, et furieux d'avoir été dupe de Robespierre [2].

Sa jeune épouse le suivit de près dans la tombe ; comme lui, elle monta sur l'échafaud, et prédit en mourant à ses bourreaux le sort qui les attendait.

[1] Buchez, *Histoire parlementaire de la Révolution.*
[2] *Mémoires de Riouffe.*

Paris. — Imprimerie Bonaventure et Ducessois, 55, quai des Augustins.